Zauberwelt Liebe

Zauberwelt Liebe

Aquarelle

Andreas Felger

Gedichte

Rose Ausländer

Ingeborg Bachmann

Bertolt Brecht

Paul Celan

Hilde Domin

Erich Fried

Reiner Kunze

Kurt Marti

Friederike Mayröcker

Nelly Sachs

Kurt Schwitters

und andere

Präsenz

Inhalt

84

Was es ist

Es ist Unsinn
sagt die Vernunft
Es ist was es ist
sagt die Liebe

Es ist Unglück
sagt die Berechnung
Es ist nichts als Schmerz
sagt die Angst
Es ist aussichtslos
sagt die Einsicht
Es ist was es ist
sagt die Liebe

Es ist lächerlich
sagt der Stolz
Es ist leichtsinnig
sagt die Vorsicht
Es ist unmöglich
sagt die Erfahrung
Es ist was es ist
sagt die Liebe

Erich Fried

Das Schönste

Ich flüchte
in dein Zauberzelt
Liebe

Im atmenden Wald
wo Grasspitzen
sich verneigen

weil
es nichts Schöneres gibt

Rose Ausländer

Felger 04

An Anna Blume

Oh Du, Geliebte meiner 27 Sinne, ich liebe Dir!
Du, Deiner, Dich Dir, ich Dir, Du mir, —— wir?
Das gehört beiläufig nicht hierher!

Wer bist Du, ungezähltes Frauenzimmer, Du bist,
bist Du?
Die Leute sagen, Du wärest.
Laß sie sagen, sie wissen nicht,
wie der Kirchturm steht.

Du trägst den Hut auf Deinen Füßen und
wanderst auf die Hände,

Auf den Händen wanderst Du.

Halloh, Deine roten Kleider, in weiße Falten zerzägt,
Rot liebe ich Anna Blume, rot liebe ich Dir.
Du, Deiner, Dich Dir, ich Dir, Du mir, —— wir?
Das gehört beiläufig in die kalte Glut!
Anna Blume, rote Anna Blume, wie sagen die Leute?

Preisfrage:

1.) Anna Blume hat ein Vogel,
2.) Anna Blume ist rot.
3.) Welche Farbe hat der Vogel.

Blau ist die Farbe Deines gelben Haares,
Rot ist das Girren Deines grünen Vogels.
Du schlichtes Mädchen im Alltagskleid,
Du liebes grünes Tier, ich liebe Dir!
Du Deiner Dich Dir, ich Dir, Du mir, —— wir!
Das gehört beiläufig in die —— Glutenkiste.
Anna Blume, Anna, A——N——N——A!
Ich träufle Deinen Namen.
Dein Name tropft wie weiches Rindertalg.
Weißt Du es Anna, weißt Du es schon,
Man kann Dich auch von hinten lesen.
Und Du, Du Herrlichste von allen,
Du bist von hinten, wie von vorne:
A———N———N——— A.
Rindertalg träufelt STREICHELN
über meinen Rücken.
Anna Blume, du tropfes Tier, ich liebe Dir!

Kurt Schwitters

Schwächen

Du hattest keine
Ich hatte eine:
Ich liebte.

Bertolt Brecht

9
04

Einmal haben

Einmal haben
wir Hände voll Licht –
die Strophen der Nacht, die bewegten
Wasser treffen den Uferrand
wieder, den rauhen, augenlosen
Schlaf der Tiere im Schilf
nach der Umarmung – dann
stehen wir gegen den Hang
draußen, gegen den weißen
Himmel, der kalt
über den Berg
kommt, die Kaskade Glanz,
und erstarrt ist, Eis,
wie von Sternen herab.

Auf deiner Schläfe
will ich die kleine Zeit
leben, vergeßlich, lautlos
wandern lassen
mein Blut durch dein Herz.

Johannes Bobrowski

Liebe II

Ich liebe
Berge Bäume Blumen
das Meer
manche Städte zum Beispiel Venedig

Licht und sternrundes Dunkel
die Augen des Menschen
das Wort
dem ich Treue geschworen
den Frieden

und die Luft
die mich atemlang liebt

Rose Ausländer

9
04

Erklär mir, Liebe

Dein Hut lüftet sich leis, grüßt, schwebt im Wind,
dein unbedeckter Kopf hat's Wolken angetan,
dein Herz hat anderswo zu tun,
dein Mund verleibt sich neue Sprachen ein,
das Zittergras im Land nimmt überhand,
Sternblumen bläst der Sommer an und aus,
von Flocken blind erhebst du dein Gesicht,
du lachst und weinst und gehst an dir zugrund,
was soll dir noch geschehen –

Erklär mir, Liebe!

Der Pfau, in feierlichem Staunen, schlägt sein Rad,
die Taube stellt den Federkragen hoch,
vom Gurren überfüllt, dehnt sich die Luft,
der Entrich schreit, vom wilden Honig nimmt
das ganze Land, auch im gesetzten Park
hat jedes Beet ein goldner Staub umsäumt.

Der Fisch errötet, überholt den Schwarm
und stürzt duch Grotten ins Korallenbett.
Zur Silbersandmusik tanzt scheu der Skorpion.
Der Käfer riecht die Herrlichste von weit;
hätt ich nur seinen Sinn, ich fühlte auch,
daß Flügel unter ihrem Panzer schimmern,
und nähm den Weg zum fernen Erdbeerstrauch!

Erklärt mir, Liebe!

Wasser weiß zu reden,
die Welle nimmt die Welle an der Hand,
im Weinberg schwillt die Traube, springt und fällt.
So arglos tritt die Schnecke aus dem Haus!

Ein Stein weiß einen anderen zu erweichen!

Erklär mir, Liebe, was ich nicht erklären kann:
sollt ich die kurze schauerliche Zeit
nur mit Gedanken Umgang haben und allein
nichts Liebes kennen und nichts Liebes tun?
Muß einer denken? Wird er nicht vermißt?

Du sagst: es zählt ein andrer Geist auf ihn …
Erklär mir nichts. Ich seh den Salamander
durch jedes Feuer gehen.
Kein Schauer jagt ihn, und es schmerzt ihn nichts.

Ingeborg Bachmann

Tango

Plötzlich bist du voll Gesicht und Namen.
Landschaft war und ungewiß der Mund,
große Flächen Haut, und ohne Rahmen
spannten aus sich Stirn und Wiesengrund.

Neig dich übers Glas, es wird nicht bleiben
dieses frühre Bild, der Mund, der war,
es verwischt sich, in der Dämmrung treiben
Wolken über dem vereinten Haar.

Deine Füße stehn im Rot des Mohnes.
Und erinnre dich an Bucht und Meer,
an das Singen eines Grammophones
und den Mond, der herbstlich war und schwer.

Du bist da. Aus blauem Grunde,
welcher Himmel ist und unerklärlich weit,
wächst dein Atem und das runde
Auge, Zwielicht, Heiterkeit.

Günter Eich

wie ich dich nenne
wenn ich an dich denke
und du nicht da bist:

meine Walderdbeere
meine Zuckerechse
meine Trosttüte
mein Seidenspinner
mein Sorgenschreck
meine Aurelia
meine Schotterblume
mein Schlummerkind
meine Morgenhand
mein Vielvergesser
mein Fensterkreuz
mein Mondverstecker
mein Silberstab
mein Abendschein
mein Sonnenfaden
mein Rüsselhase
mein Hirschenkopf
meine Hasenpfote
mein Treppenfrosch
mein Lichterkranz
mein Frühlingsdieb

mein Zittergaul
meine Silberschnecke
mein Tintenfasz
mein Besenfuchs
mein Bäumefäller
mein Sturmausreiszer
mein Bärenheger
mein Zähnezeiger
mein Pferdeohr
mein Praterbaum
mein Ringelhorn
meine Affentasche
meine Winterwende
meine Artischocke
meine Mitternacht
mein Rückwärtszähler

(da capo!)

Friederike Mayröcker

der rat der rose

1

glaube? ein rosenwildling
das licht eines lächelns:
flüchtig ach ja
man baut
kein bollwerk damit

2

bleib aufrecht
rät die rose
zeig dornen
sei stolz

beuge dich
nur der liebe

Kurt Marti

Felger
8
05

Die Jahre von dir zu mir

Wieder wellt sich dein Haar, wenn ich wein.
Mit dem Blau deiner Augen
deckst du den Tisch unsrer Liebe:
ein Bett zwischen Sommer und Herbst.
Wir trinken, was einer gebraut,
der nicht ich war, noch du, noch ein dritter:
wir schlürfen ein Leeres und Letztes.

Wir sehen uns zu in den Spiegeln der Tiefsee
und reichen uns rascher die Speisen:
die Nacht ist die Nacht, sie beginnt mit dem Morgen,
sie legt mich zu dir.

Paul Celan

Hunde scharren im Hof

als könnte die Erde erzählen

als schlüge noch immer sein Rock
übers Haus das Herz auf der Kammer
als kämen noch Wolken vom Rhein
vor die Scheune tanzten am Abend
als stürzte noch Obst immersüßes
hinab in den Schoß seiner Liebsten
als gäbe er wieder und wieder
die flüchtigsten Worte: der Dichter

ist gut schon gut
Friederike im Hof
          beruhigt die Hunde

Jan Koneffke

Suche

Mit dem weißen Stock
des Blinden
hab' ich die Erde abgeklopft
nach einem Menschen.
Es rieselte immer nur Sand
unter ihm weg.
Heut' aber,
heute
stieß ich auf festes Gestein,
und die Tiefe
schickte ein Echo
herauf zu mir:
deine Stimme.

Olly Komenda-Soentgerath

Beim Wein

Er sah, sein Blick gab mir Schönheit
und ich empfing sie als die meine.
Glücklich, verschlang ich einen Stern.

Ich ließ geschehen, daß er mich ausdachte
zum Ebenbild der Spiegelung
in seinen Augen. So tanze ich, tanze
im Flattern plötzlicher Flügel.

Tisch ist Tisch, Wein ist Wein
im Glas, das ein Glas ist
und stehend auf dem Tisch steht.
Aber ich bin imaginär,
unglaublich imaginär,
imaginär bis ins Blut.

Ich sage ihm was er will: von Ameisen,
die an der Liebe sterben
unter dem Sternbild der Pusteblume.
Ich schwöre, daß weiße Rosen,
mit Wein besprengt, singen.

Ich lache, neige den Kopf
behutsam, als überprüfte ich
eine Erfindung. So tanze ich, tanze
in der staunenden Haut, in der Umarmung,
die mich erschafft.

Eva aus Rippe. Venus aus Schaum,
Minerva aus Jovis' Haupt
waren wirklicher.
Sieht er an mir vorbei,
such ich mein Spiegelbild
an der Wand. Und sehe nur
einen Nagel. Kein Bild.

Wisława Szymborska

Die Stadt

Sie gingen
Durch den nebelleicht kühlen Wintermorgen, Liebende,
 Hand in Hand.
Erde bröckelte hart, gefrorene Pfütze sprang gläsern unter
 den Sohlen.
Drunten am Uferwege
Saß einer in brauner Sammetjoppe vor seiner Staffelei
Und malte die blattlos hängende Weide.
Kinder pirschten neugierig näher,
Und die Großen hielten für Augenblicke mit ihrem Gange
 ein, tadelten, lobten.
An dem algengrünen, glitschigen Stege
Schwamm ein lecker, verrotteter Kahn.
Drei Schwäne über den Wellen
Bogen die stengelschlanken Hälse, schweigend, entfalteten
 sich, blühten.
Die Frau brach Brot und warf es weit in die Flut.

Unter starrenden Eichen,
Die Äste, schwarz, verrenkt, wie gemarterte Glieder
 streckten,
Schritten sie an den fröstelnden Rasen, efeuumwucherten
 Pfeilern verschlossener Gärten dahin.
Als sie die lange steinerne Brücke betraten,
Riß Sonne den Nebel von sich wie ein Gewand,
Und die Stadt stieg auf, schräg hinter dem breiten Becken
 des Flusses.

Ineinander, übereinander schoben sich Dächer,
schwarzgrau glänzend wie Dohlengefieder, einzelne,
höhere patinagrün; goldene Turmhauben blitzten.
Möwen umkreischten, hungrig flatternde Bettler, das
Brückengeländer.
Sie waren hinüber
Und schauten vor mürrisch alltäglichem Hause den
Knaben zu, die ihrem gelben Hund die wunde,
blutende Pfote verbanden.
Frauen mit Marktnetzen, Henkelkörben blickten
vorübereilend die müßigen Fremden knapp und
mißtrauisch an,
Verschwanden hinter den Türen düsterer kleiner
murkliger Läden.

Lauter und stärker, wohlhäbiger, fülliger wurden die
Straßen.
Stattliche Gasthöfe luden mit kräftigen Lettern ein;
Rötliche Backsteinmauern standen machtvoll-gewichtig da
gleich Ratsherren alter Zeit mit Puffenwams und
Barett und prunkender Schaube.
Bahnen larmten fröhlich, bimmelten flink, wie ein
Gassenjunge am Parktor, entwischten.
Männer in dicken, warmen Mänteln beredeten rauchend
und lebhaft schreitend Handel und Wandel,
Und bald fing die Garküche an, ihren Stand mit
nahrhaften Bratgerüchen zu rühmen.

Laden reihte an Laden sich,
Bot zartes, saftiges Fleisch und Wildbret, Fische,
geräucherten Aal und Sprotten,
Bot knusprig braunes längliches Brot, süß, mit Korinthen
gefüllt, und herbes, das mehlüberstäubt oder mit Salz
und Kümmel bestreut war.
Zwischen zwei Kupferbechern duckte ein winziges
chinesisches Teehaus von kirschrot gelacktem Holze
sein geschweiftes vergoldetes Dach.
Doch das Gewölb, da um teures Geld Tränke und Salben
und Pulver gemengt und verabreicht werden,
Wies durchs Fenster den Greis, wie lebend, gebückt im
Sessel,
In wollener Kutte, mit schlohweiß wallendem Bart;
Er schloß die Lider.
Hinter ihm grinste ein langes scheußliches Beingeripp mit
Totenschädels höhnischen Augenhöhlen und Zähnen,
Die glitzernde Sense in einer Hand und mit der andern des
Sinkenden Schulter krallend.
Eine Uhr zeigt Mitternacht.
Da erschrak die Frau und griff nach dem Manne –

Er nickte und lächelte aber;
Denn er sah nichts als ihr finsteres Haar und ihr blasses
dunkeläugiges Antlitz.

Gertrud Kolmar

Abgewandt

warte ich auf dich
weit fort von den Lebenden weilst du
oder nahe.

Abgewandt
warte ich auf dich
denn nicht dürfen Freigelassene
mit Schlingen der Sehnsucht
eingefangen werden
noch gekrönt
mit der Krone aus Planetenstaub –

die Liebe ist eine Sandpflanze
die im Feuer dient
und nicht verzehrt wird –

Abgewandt
wartet sie auf dich –

Nelly Sachs

Psalm

Niemand knetet uns wieder aus Erde und Lehm,
niemand bespricht unseren Staub.
Niemand.

Gelobt seist du, Niemand.
Dir zulieb wollen
wir blühn.
Dir
entgegen.

Ein Nichts
waren wir, sind wir, werden
wir bleiben, blühend:
die Nichts –, die
Niemandsrose.

Mit
dem Griffel seelenhell,
dem Staubfaden himmelswüst,
der Krone rot
vom Purpurwort, das wir sangen
über, o über
dem Dorn.

Paul Celan

bittgedanke dir zu füssen

Stirb früher als ich, um ein weniges
früher

Damit nicht du
den weg zum haus
allein zurückgehen mußt

Reiner Kunze

wie und warum ich dich liebe

für Ernst Jandl zum 70. Geburtstag

wenn du es bist bin ich nicht sicher ob ich es bin
was dich bedroht ist bedrohlich für mich
der Spiegel in den ich blicke an jedem Abend
hält mir gleichzeitig entgegen dein Bildnis und meines
das Geheimnis im Dunkel deines Herzens ist nicht
um von irgendjemandem gelüftet zu werden
es zieht mich an am gründlichsten und am tiefsten
und ist vermutlich das Motiv meiner unbeirrbaren Liebe

22.7.1995

Friederike Mayröcker

Heimweh

Durch die Straßen
bin ich gegangen
von Heimweh zu Heimweh.

Da sah ich
dein erleuchtetes Fenster.

Ich hob es aus der Nacht
und ließ es
in den Schoß der meinen
fallen,
sternschnuppengleich.

Olly Komenda-Soentgerath

Gespräch

Wie geht dir's, mein lieber?

Wie dem bäumchen,
an das sie das lamm banden,
damit es nicht in den wald läuft,
dem bösen wolf in die fänge.

Und wie geht's meiner lieben?

Wie der weißen birke,
die sich im wind neigt,
neigt, neigt.

Jan Skácel

Kleine weile

Für keine wahrheit der welt.
Doch wenn du willst,
für einen pfennig stille.

Ein verweilen gibt's, das die gegend teilt.

Demütiger augenblick,
da jemand für uns atmet.

Jan Skácel

Magere Kost

Ich lege mich hin,
ich esse nicht und ich schlafe nicht,
ich gebe meinen Blumen kein Wasser.
Es lohnt nicht den Finger zu heben.
Ich erwarte nichts.

Deine Stimme die mich umarmt hat,
es ist viele Tage her,
ich habe jeden Tag
ein kleines Stück von ihr gegessen,
ich habe viele Tage
von ihr gelebt.
Bescheiden wie die Tiere der Armen
die am Wegrand
die schütteren Halme zupfen
und denen nichts gestreut wird.

So wenig, so viel
wie die Stimme,
die mich in den Arm nimmt,
mußt du mir lassen.
Ich atme nicht
ohne die Stimme.

Hilde Domin

Dornen

Wir haben Rosen
gepflanzt
es wurden Dornen

Der Gärtner
tröstet uns
die Rosen schlafen
man muß auch
seine
Dornenzeit lieben

Rose Ausländer

Losbruch

Ein Rosenstock der
Blattlos und kahl war
Stand auf der Dürre des Eises
Und erhob seine Blüten
Über den Schnee

Das war das Zeichen
Zum Aufstand der Rosen:

Flammend wandelt der Rosenstock
Über die Erde
Glühend in der Helle der Nacht
Revoltieren die Rosen
Gegen die dunkle Drohung
Des tödlichen Tags

Die Erde erblüht und der Mensch
Ist machtlos
Vor dem Frieden der Liebe

Jürgen Beckelmann

Überwintern

Uns hält
kein gemeinsames Dach
mehr zusammen,
das Haus ist zerfallen.

Überwintern
muß unser Herz
unter dem Licht
des Polarsterns.

Vielleicht
zeigt uns der Schnee
die Spur
zu einer neuen Tür.

Olly Komenda-Soentgerath

die menschen nehmen einander wegen der stille
man hört sie nur zu zweit   anders nicht
und anders erdrückt sie   anders bricht
der mensch zusammen unter der stille

Jan Skácel

Stille!

Stille! Ich treibe den Dorn in dein Herz,
denn die Rose, die Rose
steht mit den Schatten im Spiegel, sie blutet!
Sie blutete schon, als wir mischten
          das Ja und das Nein,
als wirs schlürften,
weil ein Glas, das vom Tisch sprang, erklirrte:
es läutet ein eine Nacht, die finsterte länger als wir.

Wir tranken mit gierigen Mündern:
es schmeckte wie Galle,
doch schäumt' es wie Wein –
Ich folgte dem Strahl deiner Augen,
und die Zunge lallte uns Süße …
(So lallt sie, so lallt sie noch immer.)

Stille! Der Dorn dringt dir tiefer ins Herz:
er steht im Bund mit der Rose.

Paul Celan

Abend

Am himmel sammelt der wind sich,
der morgige purpurne wind,
und von neuem wehrt die liebe,
von neuem von altersher
wehrt sie von weitem dem tod.

Jan Skácel

Vielleicht aber braucht Gott die Sehnsucht,
wo sollte sonst sie auch bleiben,
Sie, die mit Küssen und Tränen und Seufzern füllt
die geheimnisvollen Räume der Luft –
Vielleicht ist sie das unsichtbare Erdreich,
daraus die glühenden Wurzeln der Sterne treiben –
Und die Strahlenstimme über die Felder der Trennung,
die zum Wiedersehn ruft?
O mein Geliebter, vielleicht hat unsere Liebe in den
Himmel der Sehnsucht schon Welten geboren –
Wie unser Atemzug, ein – und aus, baut eine Wiege
für Leben und Tod?
Sandkörner wir beide, dunkel vor Abschied,
und in das goldene Geheimnis der Geburten verloren,
Und vielleicht schon von kommenden Sternen,
Monden und Sonnen umloht.

Nelly Sachs

Aber wieder

Aber
du bist wiedergekommen
Du
bist wieder
gekommen

Du
du bist
du bist wieder
Ich bin wieder
weil du bist

Du bist gekommen
du
wieder
und immer wieder
wieder du

Du
du
du und ich
immer wieder
und wieder

Erich Fried

Andreas Felger

1935 am Fuß der Schwäbischen Alb geboren. Studium an der Kunstakademie München. Zahlreiche Ausstellungen im In- und Ausland. Viele Buchveröffentlichungen. In seinem weit gespannten künstlerischen Werk begegnen sich Natur, Musik, Zeitgeschichte und biblische Offenbarung. Andreas Felger lebt in Hünfelden-Gnadenthal.

Mehr über den Künstler erfahren Sie im Internet: www.af-kulturstiftung.de

Quellennachweise

Seite 7: Erich Fried, Was es ist. Aus: ders., Es ist was es ist.
© Verlag Klaus Wagenbach, Berlin 1983

Seite 8: Rose Ausländer, Das Schönste. Aus: dies., Ich höre das Herz des Oleanders. Gedichte 1977-1979. © S. Fischer Verlag GmbH, Frankfurt am Main 1984

Seite 10/11: Kurt Schwitters, An Anna Blume. Aus: ders., Das gesamte literarische Werk, Band III S. 198-201 © DuMont Literatur und Kunst Verlag, Köln 1973

Seite 12: Bertolt Brecht, Schwächen. Aus: ders., Werke. Große kommentierte Berliner und Frankfurter Ausgabe, Band 15: Gedichte 5 © Suhrkamp Verlag, Frankfurt am Main 1993

Seite 14: Johannes Bobrowski, Einmal haben. Aus: ders., Gesammelte Werke in sechs Bänden, Band I. © 1998 Deutsche Verlags-Anstalt, München in der Verlagsgruppe Random House GmbH

Seite 15: Rose Ausländer, Liebe II (Ich liebe/Berge Bäume Blumen/...).
Aus: dies., Im Aschenregen die Spur deines Namens. Gedichte und Prosa 1976.
© S. Fischer Verlag GmbH, Frankfurt am Main 1984

Seite 18/19: Ingeborg Bachmann, Erklär mir, Liebe. Aus: dies., Werke.
Bd. 1: Gedichte. © Piper Verlag GmbH, München 1978

Seite 20: Günter Eich, Tango. Aus: ders., Gesammelte Werke in vier Bänden.
Band I: Die Gedichte. Die Maulwürfe. © Suhrkamp Verlag Frankfurt am Main 1991

Seite 22/23: Friederike Mayröcker, wie ich dich nenne. Aus: dies., Gesammelte Gedichte. 1939-2003 © Suhrkamp Verlag, Frankfurt am Main 2004

Seite 24: Kurt Marti, der rat der rose. Aus: ders., Namenszug mit Mond.
Gedichte. © 1996 Nagel & Kimche im Carl Hanser Verlag, München – Wien

Seite 26: Paul Celan, Die Jahre von dir zu mir. Aus: ders., Mohn und Gedächtnis
© 1952 Deutsche Verlags-Anstalt, München in der Verlagsgruppe Random House GmbH

Seite 27: Jan Koneffke, Hunde scharren im Hof. Aus: ders., Gelbes Dienstrad wie es hoch durch die Luft schoß, Frankfurt am Main, 1989 © Jan Koneffke

Seite 28: Olly Komenda-Soentgerath, Suche. Entnommen aus: dies.,
Das schläft mir Nachts unter den Lidern.
2. erweiterte Auflage © Heiderhoff Verlag, Eisingen 1990

Seite 30/31: Wisława Szymborska, Beim Wein. Aus: dies., Deshalb leben wir.
Gedichte. Übertragen und herausgegeben von Karl Dedecius.
Copyright by Wislawa Szymborska 1951, 1972, 1980, Warszawa.
© der deutschen Ausgabe Suhrkamp Verlag, Frankfurt am Main 1980

Seite 34–36: Gertrud Kolmar, Die Stadt. Aus: dies., Welten. Gedichte.
© Suhrkamp Verlag, Frankfurt am Main 1999

Seite 38: Nelly Sachs, Abgewandt warte ich auf dich. Aus: dies., Fahrt ins Staublose.
Gedichte © Suhrkamp Verlag, Frankfurt am Main 1988

Seite 39: Paul Celan, Psalm. Aus: ders., Die Niemandsrose.
© S. Fischer Verlag GmbH, Frankfurt am Main 1963

Seite 40: Reiner Kunze, bittgedanke, dir zu füßen. Aus: ders., eines jeden einziges leben. © S. Fischer Verlag GmbH, Frankfurt am Main 1986

Seite 42: Friederike Mayröcker, Wie und warum ich dich liebe. Aus: dies., Gesammelte Gedichte. 1939-2003. © Suhrkamp Verlag, Frankfurt am Main 2004

Seite 44: Olly Komenda-Soentgerath, Heimweh. Entnommen aus: dies., Das schläft mir Nachts unter den Lidern. 2. erweiterte Auflage © Heiderhoff Verlag, Eisingen 1990

Seite 46: Jan Skácel, Gespräch. Aus: ders., Fährgeld für Charon, deutsch von Reiner Kunze © MERLIN VERLAG, 1966

Seite 47: Jan Skácel, Kleine weile. Aus: ders., Fährgeld für Charon, deutsch von Reiner Kunze © MERLIN VERLAG, 1966

Seite 48: Hilde Domin, Magere Kost. Aus: dies., Gesammelte Gedichte. © S. Fischer Verlag GmbH, Frankfurt am Main 1987

Seite 50: Rose Ausländer, Dornen. Aus: dies., Und preise die kühlende Liebe der Luft. Gedichte 1983–1987. © S. Fischer Verlag GmbH, Frankfurt am Main 1988

Seite 51: Jürgen Beckelmann, Losbruch. Aus: ders., Diese Rose pflück ich Dir. Reclam, 2006 © Jürgen Beckelmann

Seite 52: Olly Komenda-Soentgerath, Überwintern. Entnommen aus: dies., Das schläft mir Nachts unter den Lidern. 2. erweiterte Auflage © Heiderhoff Verlag, Eisingen 1990

Seite 54: Jan Skácel, die menschen nehmen einander wegen der stille. Aus: ders., wundklee. Gedichte. Ins Deutsche übertragen von Reiner Kunze. © S. Fischer Verlag GmbH, Frankfurt am Main 1982

Seite 55: Paul Celan, Stille! Aus: ders., Mohn und Gedächtnis. © 1952 Deutsche Verlags-Anstalt, München in der Verlagsgruppe Random House GmbH

Seite 56: Jan Skácel, Abend. Aus: ders., Fährgeld für Charon, deutsch von Reiner Kunze © MERLIN VERLAG, 1966

Seite 57: Nelly Sachs, Vielleicht aber braucht Gott die Sehnsucht. Aus: dies., Fahrt ins Staublose. Gedichte © Suhrkamp Verlag, Frankfurt am Main 1988

Seite 59: Erich Fried, Aber wieder. Aus: ders., Liebesgedichte. © Verlag Klaus Wagenbach, Berlin 1979

Bildnachweise

Seite 6: Zeichnung; Seite 9: Aquarell, 27,5 x 38 cm, 2004; Seite13: Aquarell, 28 x 37,5 cm, 2004; Seite 16/17: Aquarell, 38 x 27,5 cm, 2004; Seite 21: Aquarell, 27,5 x 38 cm, 2004; Seite 25: Aquarell, 2005; Seite 29: Aquarell, Seite 32/33: Aquarell, 19 x 14 cm, 2002; Seite 37: Zeichnung; Seite 41: Aquarell, 8,5 x 12,5 cm, 2005; Seite 43: Aquarell, 2006; Seite 45: Aquarell, 19 x 27,5 cm, 2004; Seite 53: Aquarell; Seite 58: Aquarell, 19 x 27,5 cm, 2004; Seite 60: Zeichnung, 2006

Impressum
Zauberwelt Liebe

Aquarelle
Andreas Felger, Gnadenthal
Konzeption und Zusammenstellung
Dr. Marianne Koneffke, Gießen und
Stefan Wiesner, Gnadenthal
Gestaltung und Herstellung
Sabine Walter und
Stefan Wiesner, Gnadenthal

siehe Seite 62

2007
Präsenz Kunst & Buch
Gnadenthal · 65597 Hünfelden
www.praesenz-verlag.de
ISBN 978-3-87630-535-6